Mark Sarg

„Enterben Sie sich!“

Mark Sarg

„Enterben Sie sich!“

Bizarre Kurzgeschichten

Goldene Rakete Verlag für Belletristik

Imprint

Cover image: www.ingimage.com

Publisher:
Goldene Rakete Verlag für Belletristik
is a trademark of
Dodo Books Indian Ocean Ltd., member of the OmniScriptum S.R.L Publishing group
str. A.Russo 15, of. 61, Chisinau-2068, Republic of Moldova Europe
Printed at: see last page
ISBN: 978-620-0-52014-2

INHALTSVERZEICHNIS

„DRANGSALIEREN SIE MICH!“

„Drangsalieren Sie mich doch bitte, Allmächtiger! Ich ***brauche*** dies, um später heiliggesprochen zu werden!“, flehte Papst Tollhirn der Letzte jede Nacht zu Gott.

Und da dieser seinen Wunsch beharrlich ignorierte – wandte er sich eben an den ***Teufel***.

Der wusste ihm dann freilich sehr rasch und nachhaltig zu helfen – mit einem „Rundum-Paket“, das ***selbstverständlich*** als krönenden Höhepunkt auch die ***Heiligsprechung*** inkludierte!

„DRANGSALIEREN SIE MICH NICHT!“

„Drangsalieren Sie mich nicht länger – ich bin dessen mittlerweile ***mehr*** als überdrüssig!“

Und aus genau dem gleichen Grunde, aus dem Mrs. Betsy Sarghengst Gatte Smallworm einst mit größter ***Begeisterung*** geheiratet hatte – ließ sie sich nun ebenso ***angewidert*** wieder scheiden.

„DRANGSALIEREN SIE SICH!“

„Drangsalieren Sie sich zur Abwechslung einmal ***selbst***, damit Sie endlich ***wissen***, wie sich dies anfühlt!“

Damit ***verließ*** Fräulein Isidora Wildfloh ihren Chef, Generaldirektor Pankratius Wirrkropf endgültig.

Was zu diesem Zeitpunkt aber ***beide*** noch nicht wussten: Er drangsalierte sich ohnehin permanent selbst – und mit jedem Male, wo er dies auch bei ***anderen*** tat, automatisch einmal ***mehr***.

Nur ***bemerkte*** er es eben in seiner Beschränktheit vorerst nicht. Bis ihm dann eines Tages ***doch*** ein überaus schmerzhaftes Licht aufging …

Bliebe nur formell nachzutragen, dass der inzwischen Geläuterte natürlich nicht ***alleine*** steht mit seiner Geschichte!

„DRANGSALIEREN SIE SICH NICHT!“

„Drangsalieren Sie sich nicht unaufhörlich mit der brennenden Frage, ***wen*** Sie heiraten sollten. Wollen Sie ***wirklich*** nicht enttäuscht werden, gibt es diesbezüglich nur ***ein*** verlässliches Rezept:

Bringen Sie sich erst mal innerlich wie äußerlich ***gründlich*** auf Vordermann – und ehelichen sich ***dann selbst***!“

Dass das Konzept des bis dato leider ziemlich unbekannten Schöngeistes Libiamo Jungrüssel sicher nicht bei allzu ***vielen*** auf Gegenliebe stoßen dürfte, vermag es durchaus ***auszuzeichnen*** …

„VERFRACHTEN SIE MICH!“

„Verfrachten Sie mich ***schleunigst*** auf den nächsten Friedhof, ich treffe dort meine Cousine Hilary!“

Was an dem Auftrag von Mrs. Myrtle Schlaujack an Taxifahrer Lytton Greengack ***ungewöhnlich*** war?

Nun, sie ***hatte*** gar keine Cousine …

„VERFRACHTEN SIE MICH NICHT!“

„Verfrachten Sie mich nicht ständig hin und her – ich bin kein Möbelstück!“

Wie ***oft*** die zuletzt als *Nelly Blechnudel* Fungierende schon ***davor*** geboren und wieder verstorben war – lässt ihre etwas genervte „Bitte an die Vorsehung“ nur erahnen …

„VERFRACHTEN SIE SICH!“

„Verfrachten Sie sich ins Nebenzimmer, ich komme gleich nach!“

Ob dieser Satz wohl eher am ***Beginn*** oder ***Ende*** einer Beziehung steht – darüber dürften sich vermutlich – zu Recht – die Geister scheiden …

„VERFRACHTEN SIE SICH NICHT!“

„Verfrachten Sie sich doch nicht selber ohne jede ***Not*** in solch ***unduldsame***, ***unwirtliche*** Gegenden!“

Ob mit diesem Warnhinweis an einen klugen Unbekannten, der ihn ***befolgt*** hatte, nicht etwa gar der ***Erdball*** gemeint war???

„BOMBARDIEREN SIE SICH!“

„***Bombardieren*** Sie sich mit wichtigen und bedeutsamen Fragen – dann werden Ihnen sicherlich im Laufe der Zeit auch ebensolche Antworten zuteil. Und ***diese*** Art von Bombardement ist durchaus ***pazifistisch*** zu verstehen – falls jemand nach einer ***Ausrede*** sucht …“

Der gewitzte Univ.-Prof. Pipino Windnudel ***kannte*** eben seine Pappenheimer …

„BOMBARDIEREN SIE SICH NICHT!“

„Bombardieren Sie sich nicht mit ewigen, unnützen Vorwürfen, dass Sie die ***Weltbühne*** betreten haben. Denn ob Sie es glauben oder nicht – Sie haben sich dies reiflich ***überlegt*** vorher und es ist somit Ihr ***ausdrücklicher*** und ***ureigenster*** Wunsch. Was Sie hingegen ***jetzt*** daraus machen – steht freilich wiederum auf einem gänzlich ***anderen*** Blatt!“

Regelrecht ***verhöhnt*** fühlte sich Comtesse Viorica Küchendunst zunächst von ihrem geheimnisvollen nächtlichen Ratgeber und war sogar nahe daran, ihm die Tür zu weisen.

Aber immer nachhaltiger erkannte sie allmählich, wie überaus ***recht*** er doch hatte – und dankt ihm noch ***heute*** dafür, ihr damals die Augen geöffnet zu haben!

„BOMBARDIEREN SIE MICH!“

„Bombardieren Sie mich nur mit Ihrer Neugier, Verehrtester! Doch wenn Sie mir ein wenig Zeit gewähren, erfahren Sie alles, was Sie für den Moment brauchen, ***nachdem*** ich mein weihevolles Werk verrichtet habe!“

Da drosselte Monsieur François Mastbirn seine aufgeregte Ungeduld etwas, die ihn übermannt hatte, als der ***Tod*** majestätisch im Türrahmen erschienen war, und ***fügte*** sich widerstandslos dessen Anweisungen.

Was hätte er auch ***sonst*** tun sollen?

„BOMBARDIEREN SIE MICH NICHT!“

„Bombardieren Sie mich nicht unaufhörlich mit Ihren dämlichen Fragen, ob ich ***treu*** wäre – wo Sie doch längst wissen, dass ich es ***nicht*** bin. ***Andernfalls*** hätte ich garantiert nicht ***Sie*** geehelicht!“

Welch ungemein ***charmanten*** Lebenspartner sich doch manch einer aussucht …

„BENETZEN SIE SICH!“

„Benetzen Sie sich!“, wies Pfarrer Wildcock Richtpflock streng Miss Cathy Rebstock an, die zum allerersten Male eine Kirche betreten hatte. Und er meinte damit natürlich den obligaten Griff ins Weihwasserbecken.

Sie hingegen pinkelte sich vor lauter Aufregung glatt ***an*** – hatte damit aber immerhin auch gleich einen Tatbestand für die allererste ***Beichte***!

„BENETZEN SIE SICH NICHT!“

„Benetzen Sie sich nicht!“, erinnerte Sir Fraser Russkuss Gemahlin Eunice, die eine überaus ***feuchte*** Aussprache hatte.

Woraufhin sie nun sogleich ***ihn*** benetzte, indem sie ihn kräftig ***anspie***.

Er dankte ihr verbindlich – und damit war die Ehe wieder einmal gerettet. Für die nächste Woche wenigstens.

„BENETZEN SIE MICH!“

„Benetzen Sie mich!“, verlangte Baronesse Angèle Nebelfee, nachdem sie den hochangesagten Modesalon der Madame Marcelle Grünschleim betreten hatte.

Man warf ihr sogleich das neueste lila Netz über, sie bezahlte 1000 Euro – und verließ das Etablissement beglückt und selig.

„BENETZEN SIE MICH NICHT!“

„Benetzen Sie mich nicht ständig, Sie ekelhaftes, zudringliches Subjekt!“, wehrte sich ein Hai gegenüber Fischer Hagen Schlauchbauch, der ihm wie besessen immer wieder ein Netz überzuwerfen suchte.

Nun aber fürchterlich erschrak, ***in*** sich ging – und seinem Laster schließlich ein für alle Male abschwor.

Würden ihm doch bloß ***mehrere*** folgen.

DAS GALANTE ROTZMENSCH

Ein Rotzmensch[1] machte jedermann ohne Ansehung der Person „galante Avancen" – indem es ihn im Vorübergehen kräftigst begrapschte.

Erst als jemand dies ***erwiderte*** und gleich ***komplett*** über es herfiel – war es geheilt von seiner Galanterie.

[1] Ungezogenes Mädchen, Göre

DAS MORBIDE ROTZMENSCH

Ein Rotzmensch war so morbide, dass es noch im Sterben nach einem Spiegel verlangte, nur um sich selber die Zunge herauszustrecken und eine lange Nase zu drehen.

Danach erst gab es zufrieden grinsend den Geist auf.

DAS ERZÜRNTE ROTZMENSCH

Die junge Bärbel Rinderbraut erzürnte sich wahrlich über alles und jedes, am meisten aber über sich selbst:

„Was für ein ***Rotzmensch*** muss man eigentlich ***sein***, um ein solches zu werden?!"

Damit wohnte ihr freilich eindeutig der Keim zur ***Philosophin*** inne – der sich später mehr und mehr entfaltete, was gottlob zu ihrer vollständigen Rettung führte!

„DURCHLEUCHTEN SIE SICH!“

„Durchleuchten Sie sich gründlich, mein Herr, dies wird Sie einen gehörigen Schritt ***weiterbringen***!“

Trotzig zog es Hofrat Jeremias Grünstrumpf dementgegen lieber vor, sich vom ***Röntgenologen*** Dr. Lupino Krenbauch durchleuchten zu lassen.

Der ihm freilich ***nicht*** die Augen öffnen konnte.

„VERSAGEN SIE SICH!“

„Versagen Sie sich mir, meine Gnädigste, das macht Sie für mich wahrhaft ***un***widerstehlich!“

Eben noch Baron Habib Raubstock ***bestürmend*** mit ihren Avancen, korrigierte Madame Valérie Schleudermichl daraufhin radikal den Kurs und war mit einem Male nun ganz streng und zugeknöpft. Und als er dennoch eine Annäherung wagte, knallte sie ihm postwendend eine.

Dies überzeugte ihn vollends – und einer Ehe stand somit nichts mehr im Wege.

Wie diese freilich ***endete***, darüber lässt sich – wie bei den allermeisten andern auch – überaus ***trefflich*** spekulieren …

„VERSAGEN SIE SICH NICHT!"

„***Versagen*** Sie sich doch nicht unnötigerweise sich selbst, indem Sie sich fortwährend krampfhaft und um jeden Preis ***anderen*** zuwenden!"

Ihre permanente innere Leere sehnlichst zu überwinden suchend, nahm sich Miss Annabelle Silbergack die Ermahnung ihres Psychiaters Tarantulo Mondbauch aufrichtig zu Herzen, erforschte und prüfte sich kontinuierlich selber – und schwor sich eisern, sich niemals ***wieder*** entbehren zu wollen.

Und ***heiratete*** sich zur formalen Bekräftigung am Ende sogar.

„BESETZEN SIE SICH!“

„Achten Sie stetig darauf, immer ausreichend von sich ***selbst*** besetzt zu sein. Dies wird Sie weitgehend vor ***Fremdbesessenheit*** bewahren!“

Man sollte wohl meinen, dass die Devise aus dem höchst aufschlussreichen Buche „Alle Arten von Besessenheit“ von Prof. Sarazeno Talkspecht mittlerweile ***Allgemeingut*** geworden sei.

Das genaue ***Gegenteil*** scheint jedoch leider nach wie vor der Fall.

„BESETZEN SIE SICH NICHT!“

„Besetzen Sie sich nicht immerfort ***selbst*** mit den allerbesten Rollen – sonst vergehe ich mich an Ihnen und erkläre hinterher, Sie hätten dies an ***mir*** getan!“

Filmemacherin Mirabella Guckhaus hatte es eben wahrlich auch nicht leicht mit ihren ungezogenen Fratzen, Pardon!, ***Starlets*** …

„BESETZEN SIE MICH!“

„Besetzen Sie mich gefälligst mit dieser Rolle, ansonsten behaupte ich auf der nächsten Pressekonferenz, Sie hätten mich heimlich begrapscht auf der Toilette!“

Um die Rolle der *Heiligen Jungfrau* im neuen Film von Starregisseur Soutanello Morgenprinz zu erhalten, war der Mimin Obsoletia Windelfee offenbar wirklich ***jedes*** Mittel recht.

Und da die Öffentlichkeit zu diesem Zeitpunkt geradezu ***elektrisiert*** und ***überschwemmt*** war von derlei Vorwürfen und mit ganz erstaunlicher Vehemenz so tat, als gäbe es nicht auch noch zwei weitaus ***stärker*** verbreitete menschliche Laster, nämlich die ***Rachsucht*** und die ***Lüge***, sah der Bedauernswerte tatsächlich keinen anderen Weg, als zähneknirschend dem Begehren zu entsprechen.

Müßig zu erwähnen, dass der Streifen ein veritabler ***Flop*** wurde.

„BESETZEN SIE MICH NICHT!"

„***Besetzen*** Sie mich bitte nicht den ganzen lieben Tag – ich brauche ab und an auch für ***mich*** ein wenig Freiraum!"

Zutiefst empört und pikiert, sprang Gattin Notburga Amtsrat Wilber Vogellaus daraufhin vom Schoß, schor im blitzschnell den Schädel kahl, rief mit Stentorstimme: „Ab ins ***Kloster*** dann mit Ihnen!" – und reichte unverzüglich die Scheidung ein.

„DEPLACIEREN SIE SICH!“

„Deplacieren Sie sich ***selbst*** – dann brauchen Sie wahrlich niemand ***anderen*** mehr hierzu!“

Die Devise des weisen Literaten Arturo Knallmond war nicht zuletzt vor allem auch an alle ***Heiratswütigen*** gerichtet …

„DEPLACIEREN SIE SICH NICHT!“

„Deplacieren Sie sich doch nicht unnötigerweise selbst, Eminenz!“, regte Kammerdiener Viorico Zwiebelmaus Kardinal Tartario Wühlhaus an – der immer wieder mal mit dem größten Vergnügen ins Bett machte.

Worauf er sich tatsächlich besann – und sich einen heiligen Nachttopf zulegte.

„DEPLACIEREN SIE MICH!“

„Deplacieren Sie mich endlich, Euer Gnaden!“, empfing Baron Emanuèle Schnauzhut den sehnlichst erwarteten Gevatter Tod.

„Nachdem ich ohnehin aus keinem ***anderen*** Grunde hier bin, erscheint mir Ihre Aufforderung fast ein wenig ***deplaciert***, mein Wertester!“, erwiderte dieser mit schelmischem Grinsen, ehe er ihm seinen Wunsch natürlich sehr gern erfüllte.

„DEPLACIEREN SIE MICH NICHT!“

„Deplacieren Sie mich nicht fortwährend!“, ärgerte sich Señor Brambulino Breitspecht über Señora Aspiranta, die es dank ihrer Ungeschicklichkeit immer aufs Neue schaffte, ihn aus dem ohnehin sehr komfortablen Ehebette zu verdrängen.

Als sie ihm jedoch zusicherte, ihn beim Ranking für die Wahl zum duldsamsten Ehegatten ganz weit ***oben*** zu placieren – war er sogleich – ganz schmeichelweich.

„PRAKTIZIEREN SIE SICH!“

„Wer tatsächlich meinen sollte, dass diese Aufforderung blanker ***Humbug*** sei, weil ohnehin jedermann ihr gemäß verfahre, ***verleugnet*** offenbar die weit verbreitete Untugend, ***andere*** zu imitieren und ihnen auch noch das gröbste ***Gewäsch*** ganz schamlos und unreflektiert nachzuplappern.

Würde wirklich ***jeder*** seinen ***eigenen*** Fähigkeiten entsprechend leben und agieren, sähe die Welt mit Sicherheit ***anders*** aus!“

Bleibt nur zu hoffen, dass der selige Freigeist Bramburio Knusperklee nicht ***ewig*** „warten“ muss, bis seine Anleitung endlich die verdiente Beachtung findet.

„PRAKTIZIEREN SIE SICH NICHT!“

„Praktizieren Sie sich lieber ***nicht*** in dieser Rolle – es könnte gefährlich für Sie werden!“, vernahm Kardinal Catafalco Fliegenpilz, der kurz vor der Papstweihe stand, eine innere Stimme.

„Ich höre ***prinzipiell*** nicht auf den Teufel!“, entgegnete er indes nur schroff und eilte mit fliegenden Fahnen voran.

Und dabei war es Gott Vater ***persönlich*** gewesen, der ihn so freundschaftlich gewarnt hatte.

„PRAKTIZIEREN SIE MICH!“

„Praktizieren Sie mich! Praktizieren Sie mich!“, jauchzte Monsieur Dauphin Walknudel immer wieder mit kichernder, sich überschlagender Stimme, während er sich von einer nicht enden wollenden Horde grölender Besoffener wie ein Schlitten besteigen und umherziehen ließ.

Wie gelähmt und in Schweiß gebadet erwachte er schließlich aus seinem Alptraum – und schwor sich bei der Heiligen Jungfrau, niemals wieder als Spitzenpolitiker eine Wahlveranstaltung in einem ***Bierzelt*** zu besuchen!

„PRAKTIZIEREN SIE MICH NICHT!“

„Praktizieren Sie mich nicht unentwegt, ich bin nicht Ihr willfähriges Werkzeug!“, wehrte sich der pensionierte Oberstudienrat Estradino Wasserloch gegen die nicht gerade leichtgewichtige Gemahlin Malediva – die sich Nacht für Nacht einfach auf ihn legte und dort ganz ungeniert bis zum Morgen blieb, nur weil ihr dies „unbändiges Vergnügen“ bereitete.

„Warum ziehen Sie nicht endlich ins ***Kloster***, Sie alter Esel, wenn Sie zu ***gar*** nichts mehr Lust verspüren?!“, war alles, was sie an „Einsicht“ zeigte.

Worauf er sich tatsächlich, mit der allergrößten ***Lust***, ins nahe gelegene Kloster zurückzog – nachdem er ***sie*** zuvor zum ***Teufel*** geschickt hatte.

„VERIFIZIEREN SIE MICH!“

„Verifizieren Sie mich, Sir!“, forderte Colonel Baltimore Streifnuss den smarten Mr. Colin Reithecht auf der Straße auf.

Der gab ihm einen Kuss – und sie heirateten schon in Bälde.

Womit die Verifizierung zum beiderseitigen Nutzen höchst erfolgreich abgeschlossen war.

„VERIFIZIEREN SIE MICH NICHT!“

„Verifizieren Sie mich doch nicht ständig!“, beschwor Monsieur Galoppe Springpudel Madame Aurore, die ihm immer wieder zwischendurch unter die Wäsche guckte, ob er ***wirklich*** noch derselbe sei.

Was er freilich schon ***längst*** nicht mehr war, denn ***jeder*** ändert sich von Augenblick zu Augenblick – was sie aber durch ihre zwanghaften Handlungen zu verschleiern suchte.

Wie ungemein „trostreich“ für die Bedaueruswerte, dass sie damit ***beileibe*** nicht alleine ist …

„VERIFIZIEREN SIE SICH!“

„Verifizieren Sie sich regelmäßig von Zeit zu Zeit. Dies wird Ihrer Integrität äußerst ***förderlich*** sein!“

Wie überaus bedauernswert, dass diese Disziplin nicht an Stelle von manch ***anderer*** schon an den ***Schulen*** gelehrt wird!

„VERIFIZIEREN SIE SICH NICHT!“

„Verifizieren Sie sich nicht unentwegt, wenn Sie in Wahrheit gar nicht ***wissen***, wer Sie sind!“

„Klingt plausibel“, dachte Signor Amandino Feinstrumpf – ging seinem Therapeuten Dottore Angelino Schrumpfgack jedoch ***mitnichten*** in diese Falle.

Denn gerade ***weil*** er eben – wie selbstredend ***sämtliche*** Mitbürger – viel zu ***wenig*** wusste, wer er tatsächlich war, gedachte er sich desto ***gründlicher*** und ***beharrlicher*** permanent zu prüfen.

Bliebe somit nur die Frage, ***weshalb*** sich ein solch scharfsinniger Zeitgenosse überhaupt auf einen „Therapeuten“ einließ …

„ENTERBEN SIE SICH NICHT!“

„Enterben Sie sich nicht quasi selber, indem Sie Ihre Gattin Imensia permanent zur ***Weißglut*** bringen!“, redete Hofrat Reblaus Blechrüssel seinem Freunde Geheimrat Animoso Magensack ins Gewissen.

Da aber schon dessen bloße ***Anwesenheit*** heftigste Aggressionen bei ihr auslöste, schlug er ihr vor, das Haus in ***Frieden*** zu verlassen, wenn dafür sein späteres Erbe gesichert sei.

Da legte sie sogar noch einen ***Extrabonus*** drauf!

„ENTERBEN SIE SICH!“

„Enterben Sie sich!“, hörte Monsieur Théophile Waschstrumpf nachts eine donnernde Stimme.

„Wie soll ich ***das*** denn bloß bewerkstelligen?“, rätselte er, nachdem er sich von seinem Schrecken einigermaßen erholt hatte. „Da müsste ich ja den ***Staat*** als meinen vermutlichen Erben vorsorglich beseitigen. Würde ich zwar nicht ***un***gern tun – erscheint mir jedoch unrealistisch.“

„Oder aber ich müsste mich um mein ***ureigenstes*** Erbe, das durch mich ***selber*** zum Ausdruck kommt, betrügen!“

Und da ihm auch dies weder sinnvoll noch annehmbar schien, beschloss er einfach, die „Botschaft“ zu ignorieren.

Und hatte ***recht*** damit. Denn beileibe nicht ***jeder*** Stimme muss man glauben oder Folge leisten, nur weil man den ***Sprecher*** nicht gesehen hat …

„ENTERBEN SIE MICH NICHT!“

„Enterben Sie mich nicht gleich, wenn ich Ihnen ***einmal*** die Wahrheit sage!“

„Ich enterbe Sie, weil Sie mir im Verlaufe unserer jahrzehntelangen Ehe ***nur*** ein einziges Mal die Wahrheit gesagt haben!“, korrigierte Mrs. Myra Schaumschädel Gemahl Tanglewood.

Der sich darauf reumütig vornahm, ihr fortan ***ausschließlich*** die Wahrheit zu sagen.

Was freilich rasch zur ***kompletten*** Trennung führte.

„ENTERBEN SIE MICH!“

„Enterben Sie mich nur ruhig!“ Trotzig herausfordernd streckte Privatsekretär Rigobert Feinstaub am Ende eines hitzigen Wortgefechts der Marquise Penélope Streifschuss sogar das blanke Hinterteil entgegen.

Worauf sie ihre Androhung nicht nur mit dem Ausdruck größten Bedauerns augenblicklich wieder zurückzog – sondern ihm obendrein eine ***Sonderprämie*** versprach, wenn er ihr weiter die Treue hielte!

Printed by Books on Demand GmbH, Norderstedt / Germany